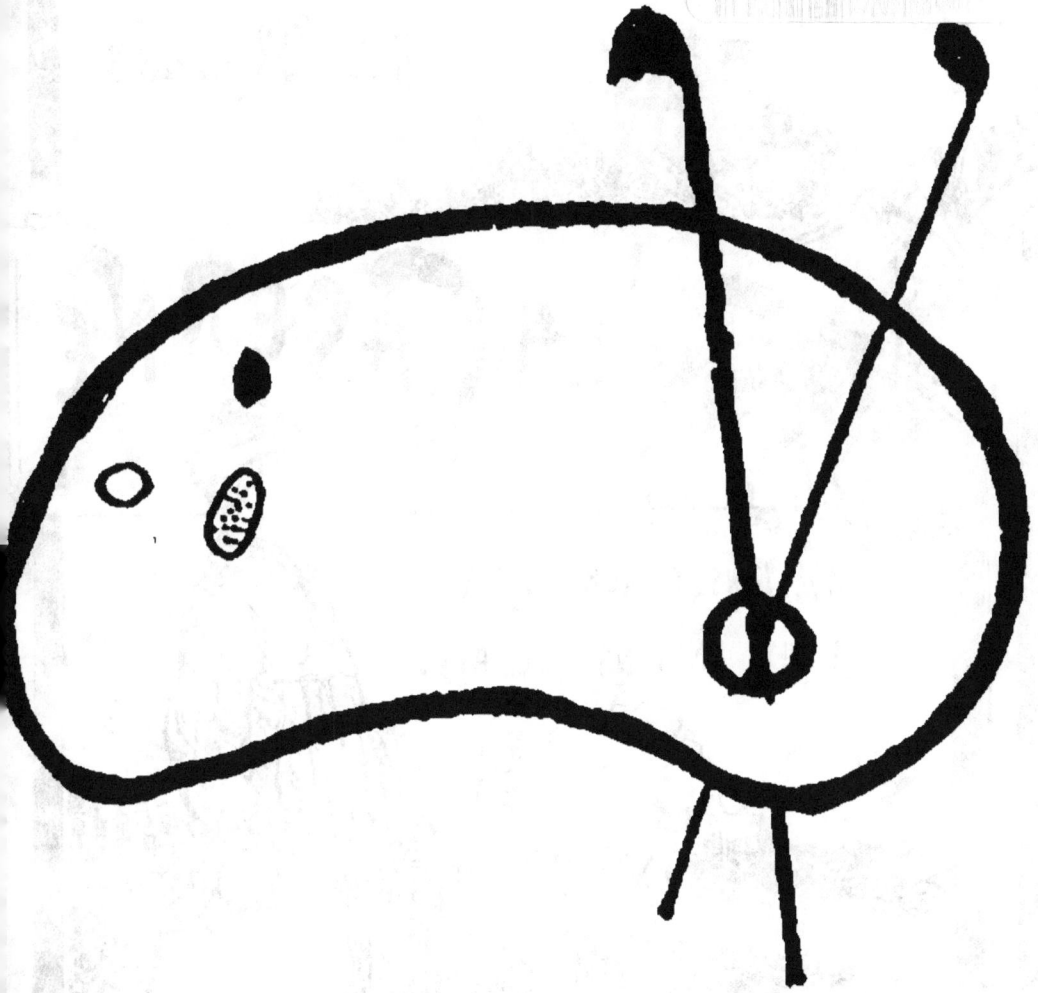

ORIGINAL EN COULEUR

Nº Z 43-120-8

La Ramée

Vers la Caserne

Conseils aux Conscrits

et aux anciens soldats.

Maison de la Bonne Presse
8 Rue François 1ᵉʳ
PARIS

Vers la Caserne

Vers la Caserne

Conseils aux Conscrits

et aux anciens Soldats

PARIS

MAISON DE LA BONNE PRESSE

8, RUE FRANÇOIS Ier, 8

Vers la Caserne

—Eh bien ! fiston, encore quelques semaines et tu devras boucler ta valise, graisser tes bottes (au figuré, s'entend), et dire adieu aux vieux parents, avant de prendre le chemin de la caserne.

La caserne ! l'armée ! Ces deux mots t'effrayent un peu. Tu les as souvent murmurés, en songeant au départ, avec un serrement de cœur..... Pendant trois ans pour toi, pendant dix mois pour d'autres, ces deux mots-là résumeront l'existence.

Tu vas être soldat! Soldat français comme le furent tes aïeux, comme l'ont été tes frères; soldat, c'est-à-dire un homme de cœur, un brave, heureux de défendre sa patrie et de veiller sur le drapeau!

Qu'est-ce donc que l'armée où tu vas entrer? C'est « la patrie en armes ».

C'est la fleur de la jeunesse de France debout, en face des ennemis du dehors et aussi des ennemis du dedans.

S'il n'y avait pas dans les casernes de France, de Dunkerque à Perpignan, de Brest à Nancy, d'Alger à Madagascar, de petits fantassins ayant bon pied, bon œil, des canonniers sachant servir et pointer leurs canons, des cavaliers lestes et intrépides, tu verrais les peuples d'Europe danser la sarabande autour de notre chère France, le plus beau pays du monde après le ciel.

Tu les verrais, conscrit, ces Anglais, ces Allemands, ces Italiens, ces Autrichiens, unis aux

L'Auteur prie instamment MM. les aumôniers militaires et les camarades qui s'intéressent au sort de ce petit livre, de lui envoyer toutes les *observations, rectifications, améliorations,* etc., que leur aura suggérées la lecture de

« VERS LA CASERNE »

Par avance, il les en remercie pour nos soldats.

La Ramée

8, rue François Ier, Paris.

————

Chaque semaine, la *Croix* publie un *Courrier militaire* où sont donnés aux lecteurs du journal tous les renseignements militaires qu'ils peuvent désirer. Le *Courrier militaire* paraît au *Supplément.*

L. R.

AVANT LE DÉPART

L'ORDRE D'APPEL

Jadis, les conscrits arrivaient à la caserne sous la direction d'officiers et de gradés qui les cueillaient au bureau de recrutement, les groupaient par directions et les empilaient dans les wagons.

Aujourd'hui, tout cela est changé.

Les jeunes soldats rejoignent directement et individuellement, au jour fixé par leur *Ordre d'appel* sous les drapeaux, les Corps ou fractions de Corps auxquels ils sont affectés. (Toutefois, exception est faite pour ceux qu'on envoie en Corse, en Algérie ou en Tunisie. Ceux-là se rendent au bureau de recrutement, d'où on les met en route par détachements.)

L'ordre d'appel, que la gendarmerie remet

aux jeunes soldats, leur tient lieu de *feuille de route* et leur donne droit au *tarif réduit* (1/4 de place) sur les chemins de fer, pour se rendre au lieu de destination.

En attendant que tu reçoives cette pièce, conscrit, en voici un *fac-similé*. Examine le *recto*. Là se trouveront portés le lieu, le jour et l'heure auxquels tu dois rejoindre. Au *verso*, u liras plusieurs recommandations pratiques, utiles à connaître quand on rentre dans certaines catégories spéciales au point de vue de la santé, des sursis et des moyens de transport.

Examine d'abord le *recto*.

CLASSE DE 18

—

N° MATRICULE

(1) Nom et prénoms.

(2) Situation sous le rapport du recrutement.

(3) Corps ou fraction dudit Corps à , département de : ou au bureau de recrutement d , d'où il sera immédiatement dirigé sur le à

NOTA. — Le présent ordre donne droit au tarif réduit sur les chemins de fer.

RÉPUBLIQUE FRANÇAISE

—

BUREAU DE RECRUTEMENT

d

—

ORDRE D'APPEL SOUS LES DRAPEAUX

—

Par ordre du ministre de la Guerre, il est prescrit au nommé (1)

(2)

résidant

à

canton d

de se présenter, le 189 , avant heure, porteur du présent titre, au (3)

L'indemnité de route à laquelle il aura droit lui sera payée à son arrivée.

N° de tirage dans le canton d

—

Modèle annexé à la circulaire du 14 avril 1899.

—

DIMENSIONS DU PAPIER :

Hauteur... 0^m,32

Largeur... 0^m,21

Tout retard non justifié qu'apporterait le nommé à l'exécution du présent ordre le mettrait dans le cas d'être puni de prison et maintenu au Corps après le départ des hommes de sa classe.

Le commandant du bureau de recrutement,

OBSERVATIONS DE LA GENDARMERIE

Et maintenant, passons au *verso :*

JEUNES SOLDATS ATTEINTS D'INFIRMITÉS

Les jeunes soldats qui se croient atteints d'infirmités susceptibles de les rendre impropres au service militaire doivent en faire, *sans retard*, la déclaration au commandant de la brigade de gendarmerie de leur résidence.

JEUNES SOLDATS QUI DÉSIRENT OBTENIR DES SURSIS

Les dispensés comme frères *d'appelés* (paragraphes numérotés 4º et 5º de l'article 21 modifié de la loi du 15 juillet 1889) qui désirent n'être incorporés qu'après l'expiration du temps obligatoire de service de l'autre frère doivent en faire la demande, par l'intermédiaire de la gendarmerie, au commandant du bureau de recrutement dont ils relèvent.

Les jeunes soldats qui, pour cause de maladie ou pour de sérieux intérêts de famille, désirent obtenir un sursis d'arrivée, doivent remettre, dès la réception de leur ordre d'appel, une demande appuyée de certificats constatant leur situation au commandant de la brigade de gendarmerie de leur résidence.

JEUNES SOLDATS SANS RESSOURCES

Les jeunes soldats, appelés à rejoindre directement leur Corps, qui n'ont pas les ressources nécessaires pour faire l'avance de leurs frais de route, doivent

demander au maire de leur commune un certificat
d'indigence ou un sauf-conduit pour se rendre à la
sous-intendance la plus rapprochée sur la route à
suivre. Munis de cette pièce et de leur ordre d'appel,
ils se présentent devant le sous-intendant militaire
ou son suppléant, qui leur fait payer l'indemnité
journalière calculée sur la distance réelle à parcourir, et assure leur transport au moyen d'un bon
de chemin de fer.

Ceux qui dissipent en cours de voyage ou avant
de se mettre en route l'argent qui leur a été remis
par l'Etat pour frais de route sont mis à la disposition de l'autorité militaire, qui statue, s'il y a lieu,
sur la punition à prononcer.

TRAJET EN CHEMIN DE FER

Dans les gares importantes, afin d'éviter l'encom
brement aux guichets, les jeunes soldats sont invités
à se présenter, pour prendre leur billet, une heure
avant le départ du train.

L'autorité militaire signalera les hommes en état
d'ivresse.

Dans les villes, dans les gares et pendant le trajet
en chemin de fer, les jeunes soldats doivent conserver une attitude convenable. Il leur est défendu
de faire du tapage, de crier ou de chanter. Enfin, ils

sont tenus d'obéir aux injonctions des autorités militaires et des agents des Compagnies de chemins de fer.

Ceux qui ne se conforment pas à ces prescriptions sont l'objet, à leur arrivée, de punitions disciplinaires qui peuvent entraîner leur maintien au Corps après le renvoi des hommes de leur classe, sans préjudice des peines civiles encourues en cas de désordre ou de dégât au matériel des chemins de fer.

RÉFORME AVANT LA MISE EN ROUTE

— Tu as été malade gravement, depuis le Conseil de revision, et tu ne crois pas pouvoir affronter les fatigues du métier militaire?

Fais ta *déclaration* au commandant de la brigade de gendarmerie (au brigadier ou au maréchal des logis); joins-y un *certificat légalisé du médecin civil;* cela ne peut pas nuire. Le commandant de recrutement de la résidence prendra *l'avis des gendarmes* et te convoquera avant la mise en route devant la *Commission spéciale de réforme*, au moyen d'un *Ordre de convocation*.

Celle-ci t'examinera avec soin et, suivant le cas, te *déclarera bon*, ou bien te renverra chez toi *pour un an (réforme temporaire)* ou bien encore te *réformera tout à fait.*

Il va sans dire que l'ordre de convocation te donne droit à la réduction en chemin de fer, pour te rendre devant la Commission.

DROIT AUX ALLOCATIONS
DES JEUNES SOLDATS
REJOIGNANT LEUR CORPS D'ARMÉE

Les *frais de route* ne sont payés aux conscrits (après leur arrivée au Corps, par les soins de leur capitaine commandant) qu'autant que la distance entre le chef-lieu de canton auquel appartient la commune de leur domicile et la garnison où ils doivent rejoindre est *égale ou supérieure à 24 kilomètres.*

Voici les règles que l'on suit à cet égard. Les conscrits ont droit à recevoir :

1° *L'indemnité kilométrique sur les voies ferrées et l'indemnité journalière* (calculées d'après le taux qui leur est spécial), si la distance est au moins égale à 37 kilomètres ou si elle lui est supérieure ;

2° *L'indemnité journalière seulement, si*

cette distance est au moins
égale à 24 kilomètres et
inférieure à 37.

L'indemnité kilométrique n'est jamais allouée
pour les parcours effectués sur routes ordinaires.

Les jeunes soldats qui n'ont pas droit aux frais de route reçoivent, le jour de leur arrivée au Corps, une indemnité journalière spéciale de *1 fr. 25* payée sur les fonds de l'indemnité de route. Cette allocation est exclusive de toute autre prestation en argent ou en nature.

Les jeunes soldats partant pour se rendre à destination d'une localité autre que celle de leur domicile ne doivent recevoir les frais de route, quelle que soit la commune d'où ils partent, que « du chef-lieu de canton de leur domicile au lieu de destination ».

Lorsqu'il est notoirement reconnu que les jeunes soldats en résidence hors de leurs domiciles sont **sans ressources**, le sous-intendant militaire leur délivre une *feuille de route* avec indemnité journalière calculée sur la distance réelle à parcourir, et leur transport est assuré au moyen d'un *bon de chemin de fer*. Avis du payement de l'indemnité journalière est donné par le sous-intendant militaire aux Corps qui doivent recevoir les jeunes soldats.

Si le jeune soldat *qui ne peut payer son transport* réside au chef-lieu d'une subdivision, il se présentera, muni d'un *certificat délivré par le maire*, et mentionnant qu'il est sans ressources, au fonctionnaire de l'intendance. Celui-ci, sur le vu du certificat, lui fera payer *l'indemnité journalière* jusqu'à destination. Il inscrira ce payement sur son ordre de route et lui délivrera un *bon de chemin de fer.*

Dans le cas où le jeune soldat partirait d'une localité où il n'existe pas de sous-intendance, il devra se rendre à la sous-intendance ou à la suppléance la plus rapprochée de sa commune sur la route à suivre, au moyen d'un *sauf-conduit délivré par le maire* et mentionnant qu'il est sans ressources. Sur le vu du sauf-conduit, le fonctionnaire de l'intendance lui allouera l'indemnité journalière à laquelle il a droit, inscrira les allocations faites sur son ordre de route, et lui délivrera un bon de chemin de fer pour se rendre à destination. (Demander les *renseignements militaires* à la gendarmerie.)

Les jeunes soldats ayant reçu par avance l'indemnité journalière et qui déclarent l'avoir dissipée en cours de voyage ou avant de se mettre en route sont mis à la disposition de l'autorité militaire, qui statue, s'il y a lieu, sur la punition à prononcer.

Pour finir, un conseil : Dès que tu seras en possession de ton *Ordre d'appel*, conscrit, dis-toi : « Je suis militaire maintenant, et je dois me tenir comme si je portais déjà l'uniforme. »

DERNIERS PRÉPARATIFS

Le jour du départ approche. Encore trois jours, encore deux jours.....

Mets ta conscience en règle, mon lapin. Assiste avec tes parents à la *messe du départ*, et demande à saint Maurice, patron des soldats, de rester, pendant ton séjour au régiment, un brave garçon craignant Dieu et inaccessible au respect humain.

Renouvelle ton scapulaire et prie ta mère d'y coudre une médaille de la Sainte Vierge. Ça te portera bonheur.

Une historiette, à ce propos.

Tu as entendu parler du maréchal Bugeaud *(le Bugeaud de la casquette)* qui fut gouverneur de l'Algérie et vainquit les Arabes à Isly. Cet « ancien » ne craignait pas de montrer sa médaille autour de lui. « J'ai promis à ma fille de ne pas m'en séparer, » disait-il. Et, le matin d'une bataille, ayant oublié dans sa tente cette chère image, il l'envoya chercher par un de ses aides de camp. « Maintenant, fit-il tout haut en la recevant, allons battre les Kabyles ! »

Quand tu te rendras chez le curé de ton village,

afin de lui faire tes adieux, prie-le de te donner
pour l'aumônier (ou tout au moins pour le curé)
de ta garnison, soit *une lettre*, soit une *carte*

de *présentation et de recommandation*. Au
premier moment de liberté qui suivra ton arrivée, tu iras trouver ce digne prêtre. Il t'aidera
charitablement de ses conseils dans ta nouvelle

vie et t'éclairera sur tes chefs et tes camarades.

L'aumônier sera pour toi un ami sûr, et
l'*Œuvre militaire* un lieu tranquille où tu
pourras parfois, le soir, te reposer de tes fatigues dans une atmosphère honnête et plus
saine que celle de la cantine.

Pour te faciliter cette démarche, j'ai placé à
la fin de cette brochure (« à la gauche », dirait
ton caporal d'escouade), la LISTE PAR GARNISONS
DES AUMONIERS MILITAIRES AVEC LES ADRESSES.
Tu pourras t'y reconnaître et renseigner les
camarades. (V. p. 49.)

MENUS DÉTAILS

Dans la vie du troupier, ils ont leur importance. Exerce-toi, avant le départ, à manier
un peu l'aiguille, à recoudre un bouton, à faire
une reprise. Le soldat doit être à lui-même sa
blanchisseuse, sa repasseuse, sa couturière. Je
ne t'apprends rien à ce sujet.

La veille du départ, fais couper tes cheveux
à la tondeuse. Cela te vaudra une bonne note
auprès de tes chefs, et ce sera une corvée de moins

pour le perruquier et pour toi, dans la bousculade du début.

Pas trop de bagages. Une petite valise ou un simple sac de voyage. Dedans : un tricot pour les mois d'hiver, quelques paires de chaussettes (le régiment n'en fournit pas), deux chemises, quelques mouchoirs, une ou deux serviettes, du fil, des aiguilles, des ciseaux, un savon, un peigne, un solide porte-monnaie, un bon couteau, et, si tu peux, une toute petite cassette fermant à clé.

L'Etat n'est pas prodigue de linge de corps pour le soldat. Quant aux menus objets ci-dessus, mieux vaut risquer de les avoir en double, ceux de l'Etat étant plutôt de qualité médiocre. Il y a bien au régiment la cantine... Ah! mon petit, vas-y le moins possible dans cette « boîte ».

Menus objets, aliments solides et liquides, tout ce qu'on débite à la cantine est un sale *fourbi*. Crois-en ma vieille expérience.

Inutile d'avoir une montre au régiment. La pendule est là et la trompette ou le clairon se chargent de la doubler pour les gens durs d'oreille. Si toutefois tu veux apporter un « oignon », pour te « poser » dans l'escouade, garde-toi de choisir une montre de prix. La simple « toquante » à 5 fr. 95 fera l'affaire. Si elle glisse, quelque soir, sous ton godillot ou si tu l'égares pendant le service en campagne, tu n'auras, au moins, nul regret.

Dès que tu auras été habillé, tu placeras dans ta valise ta tenue bourgeoise et, avec son autorisation, tu la déposeras chez l'aumônier, à l'*Œuvre militaire,* en attendant de pouvoir renvoyer chez toi ces effets désormais inutiles.

L'ARRIVÉE A LA CASERNE

Au jour fixé, généralement vers 8 heures du matin, le conscrit se présente à la grille du quartier. Il tient en main son *Ordre d'appel*. L'adjudant de semaine le reçoit, reconnaît son identité et le remet aux mains d'un gradé de son unité (compagnie, escadron ou batterie), qui le conduit au bureau du sergent-major ou maréchal des logis chef.

Là, ce sous-officier, sous l'œil du capitaine commandant, interroge les nouveaux arrivants et complète sur ses registres les renseignements concernant les jeunes soldats.

— Profession ? Savez-vous lire, écrire ? nager ? Quels diplômes avez-vous ? Connaissez-vous la musique ? etc., etc.

Les questions se succèdent et chacun examine le conscrit. Cette présentation a son importance. Aussi, à ce propos, j'ouvre ici

UNE PARENTHÈSE — LA PRÉSENTATION

Il faut savoir te présenter, mon bonhomme, faire figure, donner de ton intelligence et de tes aptitudes une heureuse idée, dès l'arrivée. Bien que tu portes, pour quelques instants encore, la blouse ou le veston, prends une attitude militaire. Tiens-toi droit, les bras le long du corps, un peu raide, immobile. Regarde le supérieur qui t'interroge, bien en face, avec déférence. Parle franchement, sans gestes inutiles. En deux mots, efforce-toi dès l'arrivée de *saluer* et de *répondre* militairement.

Si tu fais à tes débuts bonne impression, ce sera pour toi tout avantage.

SALUER

Écoute comment le brave général Poilloüe de Saint-Mars, le *Père du Soldat,* décrivait le salut du troupier français :

« Le salut est ouvert ou fermé. Il est *fermé* quand on fait le simulacre de saisir la visière de la coiffure avec les doigts réunis ; la paume de la main tournée en dedans, concave, cachant à moitié l'œil droit, le coude bas.

» Il est *ouvert,* quand on porte la main droite ouverte au côté droit de la visière, les doigts et le pouce étendus et joints ensemble, la paume de la main tournée en avant, large comme un drapeau au vent, le coude haut. C'est un geste généreux et martial, caractérisé par la main ouverte, symbole de loyauté.

» Le salut est une politesse à offrir, ce n'est pas un coup de sabre à donner. Il importe qu'il paraisse agréable et sans violence.

» Lorsqu'un bon soldat et un bon chef échangent leur salut, leurs yeux se croisent et échangent en même temps un éclair d'affection mutuelle ; c'est le signe auquel on reconnaît les troupes intimement disciplinées. »

RÉPONDRE

Répondre maintenant. Rien n'est plus déplorable que d'entendre un conscrit nouvellement arrivé donner du « Monsieur » à tort et à travers au caporal qui l'escorte ou au capitaine qui l'interroge.

— Il n'y a pas de Monsieur ici, fait doucement l'officier. Répondez : « Oui, mon capitaine. »

Et, dans la chambrée, un moment après, le caporal, moins patient, s'agace devant ces « monsieur » et traite le conscrit ahuri de *gourde*, de *tourte* et de *fourneau.* « Tâchez de dire : *Oui, caporal,* s'pèce de *paquet !* »

Pour éviter ces débuts pénibles, conscrit, mon ami, tâche d'arriver à la caserne, connaissant les insignes des grades et les appellations courantes du régiment.

Du sous-lieutenant au colonel, de *un à cinq galons*, tu sauras vite te reconnaître et répondre sans hésiter : « Oui, mon lieutenant, mon capitaine , mon commandant, mon colonel. »

A l'adjudant aussi tu diras : « *mon* adjudant. » Au docteur, quel que soit le nombre des galons : « Monsieur le major. »

Quant aux gradés subalternes qui, journellement, s'occuperont de toi, tu dois leur répondre, sans faire précéder le grade de l'habituel « mon ». — Oui, « chef »; (ou : oui, sergent-major); oui, fourrier; oui, maréchal des logis (ou sergent); oui, caporal (ou brigadier).

Au cours de ton service, tes chefs t'indiqueront, quels sont, en dehors de la hiérarchie « combattante », les grades et appellations des innombrables employés militaires, fonctionnaires de l'intendance, de l'artillerie et du génie. Pour le moment, l'essentiel est de connaître les chefs avec lesquels tu vas, dès ton arrivée à la caserne, te trouver en contact journalier. Le reste viendra plus tard.

rence qui semble régner dans la chambrée
n'existe qu'à la surface, il suffit d'un mouve-
ment généreux pour que toutes les bonnes
volontés se mettent en branle. »

Un exemple pas rare : Un jeune soldat, non
encore rompu aux détails du métier, se trouve
en retard pour une revue. Cinq minutes avant
de descendre sac au
dos, alors que tout
le monde est prêt,
son ceinturon, son
sabre, son sac, ses
courroies et acces-
soires sont encore
pêle-mêle sur son lit.
On le blague un
peu,—mais soudain
le voisin prend pitié
du maladroit et lui
donne un coup de
main. Cela suffit :
tout le monde s'y met, et le pauvre conscrit se
trouve en un tour de main ceinturonné, bouclé,
chargé; il est prêt.

Pas besoin de dire que cet acte de bonté

gagne au voisin charitable l'estime de toute la chambrée.

Se chercher un camarade, *le bien choisir.* Un ami est nécessaire, indispensable même. Le prendre parmi *ceux dont la condition de fortune* est semblable à la vôtre.

Quand le jeune soldat revient du magasin d'habillement, chargé de tout son « barda », un ancien se propose ordinairement pour lui apprendre à se débrouiller et pour le mettre au courant des mille petits détails du métier.

Acceptez ses services. On les récompense ordinairement par le champoreau de l'amitié.

En principe, le jeune soldat doit toujours éviter de faire « suisse », c'est-à-dire de se payer *seul* des douceurs.

Invite sans barguigner ton camarade.

L'usage, toujours respecté, veut du reste qu'une politesse soit

toujours rendue. C'est une tradition dans la vie militaire. Les plus pauvres s'y conforment, et cela a parfois quelque chose de touchant.

Un mot maintenant du

SERVICE MILITAIRE ACTUEL

Pour ceux qui ont le triste privilège d'avoir vu défiler trente ou quarante *classes*, le conscrit de nos jours ne ressemble guère à celui qu'ils connurent à leur entrée au Corps. L'arrivée du contingent vers 1850, ou même 1860, si elle était racontée par un témoin, paraîtrait une histoire du bon vieux temps. On devrait bien l'écrire et la répandre dans les familles pâles d'effroi à la pensée de ces trois années (ou de cette année unique) à passer à la caserne. Les « bleus » verraient qu'on leur fait la partie belle, en comparant leur sort à celui de leurs aînés appelés sous les drapeaux *pour sept années*.

Sept années ! Ceux qui comptent jour par jour la durée du service restant à accomplir se doutent-ils de cet exil, en un temps où le recrutement à demi régional d'aujourd'hui n'existant pas, où les régiments étant d'ailleurs sans

cesse déplacés de Brest à Lille, de Besançon à
Périgueux, le troupier vivait à des centaines de
kilomètres de la maison paternelle? Alors, pas
de chemins de fer permettant d'aller rapidement
en permission. Ces sept années étaient bien du
service effectif. On partait frêle et imberbe, on
revenait homme solide, moustachu et basané,
ayant presque toujours, sinon fait des expéditions, au moins passé quelque temps en Afrique.

Pour le jeune « bleu » moderne, le sort a
adouci toutes les aspérités du chemin. Le dernier vestige de l'antique mise en route des recrues
a disparu. Plus de détachement; le « bleu » reçoit
une feuille de route, prend son billet et monte
dans le train comme un bourgeois. La vie militaire ne le prend qu'à son arrivée dans la garnison, où la musique du régiment l'attend pour
lui faire fête et le conduire à la caserne.

Au quartier, plus de brimades et de plaisan-
teries grossières. La théorie s'est faite douce;
beaucoup d'officiers ont écrit des Manuels dont
le ton contraste fort avec la rudesse d'autrefois.
Au régiment, les « bleus » ne trouvent même plus
la gamelle en commun. Des tables, un couvert
propre, une nourriture variée, donneront à

porter dans la chambrée quelques *farces innocentes*, quelques *bons mots inoffensifs, jeux ou tours*, etc..... Rien de tel pour mettre à néant les taquineries méchantes des mauvais farceurs.

La chambrée appartient à qui sait la faire rire et l'amuser.

On commence par cette première influence. Elle peut être le premier échelon de *l'influence morale* qui ne tarde pas à venir.

DEVOIRS RELIGIEUX

Sur ce sujet, posons quelques principes, camarade.

Le soldat, en tant que soldat, n'est pas dispensé de ses devoirs religieux.

La prière, la messe du dimanche, la communion pascale sont d'une stricte obligation pour lui, comme pour les autres fidèles.

Il peut toujours, avec de la bonne volonté, à part les raisons de service, accomplir son devoir dominical.

Les règlements, loin de s'y opposer, *veulent que tous les soldats puissent remplir leurs devoirs religieux.* Ce sont les propres expres-

sions du président du Conseil dans une interpel-
lation à la Chambre des députés (1895).

Si, pour vous rendre à la messe le dimanche,
jeunes soldats, on vous faisait quelques diffi-

cultés, n'hésitez pas, *demandez à parler à
votre capitaine.*

Trois cas, trois types, trois réponses, se pré-
senteront.

Un capitaine bourru : — Vous voulez allez à la messe le dimanche? Qu'est-ceque vous faites chez vous? Élève curé? — Non, non capitaine; mais dans ma famille, j'avais l'habitude..... — Très bien, très bien, vous irez à la messe, quand vous ne serez pas à la boîte. J'préviendrai l'adjudant. Faites bien vot' service. Je n' connais qu' ça. Allez, rompez !

Un capitaine indifférent : — Parfaitement, vous pourrez aller à la messe, mon ami, et même aux vêpres, si vous désirez. Qu'est-ce que vous voulez qu'ça m'f...asse. Liberté, libertas! Le quartier est libre le dimanche. Mieux vaut aller à la messe qu'au cabaret, (etc., etc.....)

Un capitaine qui comprend son rôle : — Certainement, vous pouvez aller aux offices, mon ami, et tous vos camarades avec vous. Vous m'y trouverez à la messe de 8 heures, dans chapelle de droite..... «Le soldat qui remplit ses devoirs religieux est toujours un bon soldat, » disait mon ancien colonel. Conservez les bonnes habitudes prises au pays. Ecrivez-le à vos parents; cela leur fera plaisir. Touchez-moi la main, jeune homme. Et à dimanche.

Conclusion. *Ne pas s'épater*. Et marcher droit vers son but. On garde l'estime de soi-même, et l'on arrive vite à imposer à ceux qui vous entourent le respect de ses convictions.

« Sans la religion, pas d'homme complet, » disait le général Chanzy qui s'y connaissait bien en hommes. C'est par cette parole *de ce grand soldat* que je terminerai ce chapitre.

L'ŒUVRE MILITAIRE

Un saint prêtre, qui avait consacré sa vie aux soldats, écrivait il y a quelques années :

« Aumônier d'œuvre militaire, j'ai souvent fait cette remarque. Des jeunes gens de bonne famille, excellents chrétiens, espoir de leurs parents et de leurs pasteurs, arrivent au régiment sans lettre de recommandation pour qui que ce soit. Jetés dans un milieu qu'ils ne soupçonnaient pas, éperdus, dépaysés, ne connaissant ni la ville, ni les usages locaux, ne rencontrant que des étrangers, ils se mettent peu en peine, les premiers temps, d'assister à la messe le dimanche; et, soit négligence, soit apathie, soit respect humain, ils s'habituent bientôt à ne plus remplir leurs devoirs religieux.

» J'en ai recueilli l'aveu sur les lèvres de beaucoup, lorsque la maladie les a amenés à l'hôpital. Pauvres jeunes gens! ils se sont trouvés sans garde, sans un cœur ami, et, faute d'encouragement, de conseils, de simple information même, ils ont abandonné toute pratique! S'ils avaient eu quelqu'un pour les aider, ils seraient restés sans doute bons, ils auraient doublé ce cap des tempêtes et, cette épreuve achevée sans trop de défaillances, ils eussent été de plus vaillants soldats, chrétiens encore!

» D'autre part, s'ils n'ont pas un asile où se retirer à leurs moments libres, il leur faut demeurer pendant de longues heures dans la chambrée, séjour malheureusement funeste. Et ceux qui sortent en ville sont forcément entraînés par leurs camarades dans des cafés où leur vertu se heurtera à de nombreux écueils. Dès lors, c'en est fait des bons principes reçus au foyer domestique; les mauvaises habitudes sont vite contractées, et, une fois dans l'engrenage, il est difficile d'en sortir. »

Lorsque vous serez installés dans votre garnison, jeunes soldats, n'hésitez pas à passer tous vos loisirs à l'Œuvre militaire. C'est le moyen le plus efficace pour conserver à la fois et sa vertu..... et son argent.

— Depuis que je suis assidu à l'œuvre militaire, disait un soldat, je dépense beaucoup moins et je m'amuse beaucoup plus.

C'est l'œuvre militaire qui vous fournira les meilleurs amis et les plus saines récréations. Et, à ce propos, pourquoi ne pas employer les longues soirées d'hiver à perfectionner votre instruction?

L'aumônier sera heureux de se mettre, lui et sa bibliothèque, à votre disposition.

Dans plusieurs œuvres, on a institué des *Cours du soir* qui rendent de réels services aux illettrés.

LES CHEFS

Le soldat doit respecter ses chefs, parce qu'ils représentent la loi et la patrie.

Le grade des officiers, leur expérience, leur sollicitude constante pour la troupe qu'ils commandent, sont autant de titres au respect de leurs subordonnés.

Pour obtenir leurs grades, les officiers de notre armée ont mené pendant des années une vie d'abnégation et de sacrifices. Ils ont parfois supporté les fatigues de la guerre, et bravé dans des expéditions lointaines des dangers de toutes sortes.

Ces hommes-là ont droit d'exiger de toi, soldat, l'obéissance absolue. Pour te faire une idée de ce qu'on entend par ces mots : *Obéissance absolue,* écoute cette anecdote :

Au siège de Prague, en Bohême, en 1741, on voulut donner l'assaut par surprise; mais une sentinelle ennemie gardait certain passage difficile. Le colonel Chevert appelle le sergent Pascal et lui dit :

— Tu vois cette sentinelle? Tu vas marcher sur elle.

— Oui, mon colonel.

— Elle criera: *Qui vive?* Tu ne répondras rien et tu avanceras toujours.

— Oui, mon colonel.

— Elle tirera sur toi et te manquera.

— Oui, mon colonel.

— Tue-la et je suis là pour te défendre.

— Oui, mon colonel.

Le sergent Pascal, qui comprenait l'obéissance, partit sans ajouter un mot. Tout se passa comme l'avait prédit Chevert: la sentinelle fut tuée et la ville tomba au pouvoir des Français.

Voilà un admirable exemple d'obéissance héroïque, se réduisant à trois mots: *Oui, mon colonel!* Une telle discipline, c'est plus de la moitié du succès.

Ayez confiance dans vos chefs, soldats, entourez-les de votre respect. Ils vous le rendront en dévouement et en paternelle affection.

Le 22 août 1897, le général Fabre, à la veille de prendre sa retraite, faisait à son Corps d'armée ces adieux touchants où l'âme du chef se montre tout entière:

« Au revoir, mes amis. Pensez quelquefois à

votre ancien général, comme il pensera souvent
à vous. Votre souvenir vivifiera ma retraite, et

lorsque Dieu me rappellera à lui, *si ma der-
nière pensée est pour la France, le dernier
battement de mon cœur sera pour vous!* »

AU DRAPEAU!

Jeunes gens qui lirez ces lignes, vous serez
tous de bons soldats, dociles, soumis, disci-
plinés, parce que vous aurez su être des soldats
chrétiens! A l'ombre du drapeau qui abrite cette
nouvelle famille, le RÉGIMENT, vous passerez les
plus radieuses années de votre jeunesse, années
d'enthousiasme et de foi, dont le reflet éclairera
toute votre vie.

Gardez en votre cœur et transmettez intact
à ceux qui vous remplaceront le culte de l'*hon-
neur*, l'amour de la *patrie!*

On aime sa famille, a dit le général Ambert,
mais on meurt pour sa patrie!

Vous aurez été à l'école du dévouement et de
l'abnégation, et si, quelque jour, le clairon sonne
à la frontière, vous répondrez à son appel et,
sans une plainte, sans un regret, vous suivrez
le *drapeau tricolore!*

Les connais-tu, les trois couleurs,
Les trois couleurs de notre France,
Celles qui font rêver les cœurs
De gloire et d'espérance?
Bleu céleste, couleur du jour,
Rouge de sang, couleur d'amour,
Blanc, franchise et vaillance!

Petits troupiers qui vous acheminerez bientôt, des quatre coins du pays, vers les casernes aux grands murs blancs, les anciens vous saluent, parce que vous êtes à leurs yeux l'espoir en *l'avenir meilleur*.

Marchez où le devoir vous guide, la tête haute, le cœur joyeux, une fière chanson aux lèvres.

Gloire à notre France immortelle!
Gloire à ceux qui sont morts pour elle,
Aux martyrs, aux vaillants, aux forts!
A ceux qu'enflamme leur exemple,
Qui veulent place dans le temple
Et qui mourront comme ils sont morts!

Rappelez-vous la devise des aïeux : *Dieu protège la France!* Malgré les coups du sort, la

France doit reconquérir sa place à la tête des nations du monde. Et sa destinée glorieuse, au jour que Dieu connaît, c'est par vous qu'elle l'accomplira, jeune et vaillante armée, *soldats d'hier et soldats de demain !*

LA RAMÉE.

LISTE GÉNÉRALE DES PRÊTRES

CHARGÉS PAR NN. SS. LES ÉVÊQUES

DES

ŒUVRES PAROISSIALES MILITAIRES DE FRANCE

au 1er novembre 1899 (1)

COMITÉ CONSULTATIF
DE L'AUMONERIE PAROISSIALE MILITAIRE

Ce Comité se réunit une fois tous les mois et est composé des prêtres dont les noms suivent :

MM. **Fortier**, O. ✳, chanoine honoraire de Paris,

(1) Je dois cette liste à l'obligeance de M. L. de Soye, directeur de la *France militaire et religieuse*, 18, rue des Fossés-Saint-Jacques, à Paris.

président des Œuvres militaires diocésaines, décoré à Gravelotte, *président;*

Maurin, O. ✳, chanoine de Saint-Denis, aumônier de la garde en 1859 et en 1870, *vice-président;*

Binz, aumônier depuis 1870, aumônier de mobilisation, aumônier de l'Œuvre militaire de Saint-Philippe-du-Roule, *secrétaire;*

Baston, aumônier de l'Œuvre militaire des Tourelles, rue Pelleport, 109, Paris, aumônier de mobilisation, *trésorier;*

Profillet, ✳, ancien aumônier en Crimée;

Thibaut, aumônier de l'hôpital militaire de Vincennes;

Asseray, aumônier de l'Œuvre militaire du Gros-Caillou et de l'Ecole militaire;

de la Charie, aumônier de l'Œuvre militaire des casernes du Château-d'Eau et de la Nouvelle-France, 24, rue de Chabrol;

Fonssagrives, aumônier du Cercle des Étudiants, 18, rue du Luxembourg.

GOUVERNEMENT DE PARIS

Œuvres paroissiales militaires. Président diocésain, MM. l'abbé Fortier, 97, rue Denfert-Rochereau. — Casernes circonvoisines de *Saint-Augustin* (caserne de la Pépinière) : l'abbé Gouron-Boisvert, 8, rue Portalis. — Quartiers de *Belleville, Charonne, Ménilmontant :* l'abbé Baston, 1er vicaire à Ménilmontant, 18, rue Etienne-Dolet ; siège de l'Œuvre, 109, rue Pelleport. — Quartiers de *La Glacière*, de *Lourcine*, du *Luxembourg* et de *Saint-Médard* : M. le curé de Saint-Médard, 141, rue Mouffetard, et M. l'abbé Mathée, aumônier de la Piété ; Siège de l'Œuvre, 14, rue du Banquier. — Casernes circonvoisines de *Saint-Philippe-du-Roule* (caserne de Penthièvre, etc.) : Binz (Alfred), 8, rue Frédéric-Bastiat, et Labeyrie, 41, rue Washington. — Casernes de *Reuilly* : 36, rue de Reuilly, Eguerre, curé, et Degand, aumônier de l'hôpital Trousseau. — Casernes circonvoisines de *Saint-Pierre du Gros-Caillou* (Ecole militaire) : Asseray, passage Landrieu, 9 — Casernes circonvoisines de *Saint-Vincent-de-Paul* (Nouvelle-France et Château-d'Eau) : De la Charie, 24, rue de Chabrol.

Paris-banlieue, Place de *Vincennes* : MM. l'abbé

Thibaut, aumônier de l'hôpital, 69, rue de Paris, et l'abbé Poulet, avenue de la République, 26.

Casernements, bastions et forts de la banlieue : Issy : de Violaines, curé. — *Saint-Denis :* Iteney, curé de Saint-Denys-de-l'Estrée. — *Courbevoie :* l'abbé Petit, vicaire, 39, avenue Gambetta.

Pour les casernements où un prêtre n'est pas spécialement chargé du service religieux des soldats qui s'y trouvent, nous indiquons au moins le nom de la paroisse voisine, à laquelle appartiennent ces militaires, pour qu'ils puissent s'adresser aux curés de ces paroisses.

Voici l'*État détaillé* de la répartition des régiments du *Gouvernement de Paris,* de l'emplacement de ces régiments ainsi que les noms de MM. les aumôniers chargés spécialement de tel ou tel régiment pour cette année.

GOUVERNEMENT DE PARIS
Département de la Seine

PARIS-VILLE. *Hôpitaux. Val-de-Grâce :* titulaire, MM. Sibassié, logé dans l'établissement. — *Saint-Martin :* titulaire, Collot, logé dans l'établissement. — *Prison militaire :* 28, rue du Cherche-Midi : Fortier, aumônier titulaire, 97, rue Denfert-Rochereau, président du Comité consultatif des Œuvres militaires paroissiales. — *Hôtel des Invalides :* Meuley, logé dans l'établissement. — *Hôpital de Vincennes :* 69, rue de Paris, Thibaut, aumônier, logé dans l'établissement. — *Pénitencier de Bicêtre :* Tiriaux, vicaire à Gentilly.

La formation des 4es bataillons a fait changer l'emplacement des troupes; il est donc utile, sinon nécessaire, d'établir une nouvelle liste. La voici:

46e RÉGIMENT D'INFANTERIE

5 compagnies à Reuilly: MM. Eguerre, curé, 36, rue de Reuilly, et Degand, aumônier de l'hôpital Trousseau.

1 bataillon au fort de Nogent: le curé.

5e RÉGIMENT D'INFANTERIE

4 compagnies (2 au bastion 64, 2 au bastion 68), chapelle Saint-Alexandre, Aubert: 35, rue de Javel (Grenelle).

36e RÉGIMENT D'INFANTERIE

1 bataillon à Penthièvre: MM. Binz, 34, rue de Courcelles (siège de l'Œuvre); 8, rue Frédéric-Bastiat, et Labeyrie, 41, rue Washington.

1 compagnie bastion 43 : M. l'abbé Ambler, vicaire
à Saint-Michel des Batignolles, 62, avenue de
Clichy. — 1 compagnie bastion 46.

1 compagnie bastion 51, 1 compagnie bastion 53 :
Binz, 34, rue de Courcelles (siège de l'Œuvre);
8, rue Frédéric-Bastiat (demeure personnelle), et
Labeyrie, 41, rue Washington.

1 compagnie bastion 61 (Auteuil).

39e RÉGIMENT D'INFANTERIE

2 bataillons à l'École militaire : MM. l'abbé Asseray,
9 *bis*, passage Landrieu.

1 bataillon (3 compagnies 1/2 École militaire);
1/2 compagnie Panthémont (Bellechasse): Asseray,
9 *bis*, passage Landrieu.

74e RÉGIMENT D'INFANTERIE

2 bataillons à la Pépinière : MM. Gouron-Boisvert,
8, rue Portalis.

1 bataillon à la Nouvelle-France : de la Charie,
24, rue de Chabrol.

89e RÉGIMENT D'INFANTERIE

2 bataillons à Reuilly : MM. Eguerre, 36, rue de
Reuilly, et Degand, aumônier de l'hôpital Trousseau.

2 compagnies aux bastions 8 et 10 : le curé de
l'Immaculée-Conception, rue du Rendez-Vous, et
Eguerre, curé de Saint-Eloi, 36, rue de Reuilly.

31e RÉGIMENT D'INFANTERIE

10 compagnies aux Tourelles : MM. Baston, 109, rue
Pelleport (siège de l'Œuvre).

115e RÉGIMENT D'INFANTERIE

6 compagnies à Lourcine : MM. le Curé de Saint-
Médard, 141, rue Mouffetard, et l'abbé Mathée,
aumônier de la Pitié.

2 compagnies bastion 82 : Blériot, curé de Montrouge.

2 compagnies bastion 89 : Vincent, curé d'Ivry. —

2 compagnies bastion 91 : Miramont, curé de
Sainte-Anne de la Maison-Blanche, rue de Tolbiac.

117e RÉGIMENT D'INFANTERIE

1 bataillon à Latour-Maubourg : MM. l'abbé Asseray,
Binz. (Voir ci-avant.)

1 bataillon au fort d'Ivry : Vincent, curé d'Ivry.

1 bataillon (1 compagnie fort d'Ivry) : Vincent, curé
d'Ivry. — (3 compagnies forts Bicêtre et Hautes-

Bryères) : M. Tiriaux, vicaire à Gentilly, et
M. Asseray.

124ᵉ RÉGIMENT D'INFANTERIE

2 bataillons à Saint-Cloud : MM. Aglon, vicaire.
1 bataillon (3 compagnies fort de Saint-Cyr, 1 batterie fort de Bois-d'Arcy) : M. le chanoine C. Chabrun, curé de Bois-d'Arcy.

129ᵉ RÉGIMENT D'INFANTERIE

2 bataillons à Courbevoie : MM. Petit, à Courbevoie, 39, avenue Gambetta.
3 compagnies à Courbevoie, 1 compagnie au Mont-Valérien) : M. Petit, à Courbevoie, 39, avenue Gambetta.

130ᵉ RÉGIMENT D'INFANTERIE

1 bataillon à Babylone : MM. Asseray, 9 *bis*, passage Landrieu.
1 bataillon (1/2 compagnie à Babylone, 2 compagnies 1/2 à l'Ecole militaire) : M. Asseray, 9 *bis*, passage Landrieu. — (1 compagnie fort d'Issy) : le Curé d'Issy.
1 bataillon (1 compagnie fort de Vanves, 1 compa-

gnie fort de Châtillon, 2 compagnies bastion 79) : les Curés de Châtillon ou de Fontenay-aux-Roses, et M. Blériot, curé de Montrouge, 88, avenue d'Orléans.

76e RÉGIMENT D'INFANTERIE

2 bataillons au Château-d'Eau : M. de la Charie, 24, rue de Chabrol.

120e ET 128e RÉGIMENTS D'INFANTERIE

A Saint-Denis, à Écouen, à Montmorency, etc., MM. les Curés de ces différentes paroisses.
Fort d'Aubervilliers. — 128e — 1 bataillon : M. le Curé de Sainte-Marthe des Quatre-Chemins, 102, route de Flandre.

16e BATAILLON D'ARTILLERIE A PIED

5 batteries à Rueil : MM. Gourlin, 3, rue du Quatre-Septembre.
3 batteries au Mont-Valérien : Petit, à Courbevoie, 39, avenue Gambetta.

1er ET 2e CUIRASSIERS

Dupleix et Ecole militaire : M. l'abbé Asseray, 9 *bis*, passage Landrieu.

TRAIN DES ÉQUIPAGES ET ARTILLERIE (BATTERIES DES 12e ET 13e)

Ecole militaire : M. Asseray.

SECTIONS D'OUVRIERS D'ADMINISTRATION

Caserne Panthémont : MM. Asseray. — Quai de Billy : Asseray et Binz.

CAVALERIE DE REMONTE

1re compagnie : boulevard Jourdan : MM. Blériot, curé de Montrouge.
5e compagnie : Ecole militaire, Asseray, 9 *bis*, passage Landrieu.

20e SECTION DE SECRÉTAIRES D'ÉTAT-MAJOR

Caserne Bellechasse : MM. Asseray.
Val-de-Grâce, rue Saint-Jacques : l'abbé Sibassié, aumônier du Val-de-Grâce.
Garde-Républicaine, boulevard Henri IV ; *Sapeurs-pompiers*, boulevard du Palais : Les prêtres des paroisses respectives.

VINCENNES

12ᵉ et 13ᵉ d'Artillerie, 28ᵉ Dragons, 29ᵉ bataillon de Chasseurs, 1ʳᵉ compagnie d'Artillerie, 24ᵉ section d'ouvriers, etc. : MM. Thibaut et Poulet, rue de la République, 26.

INFIRMIERS

22ᵉ section : bastion 87 ; 5ᵉ section, bastion 17 : M. l'abbé Baston, 109, rue Pelleport.

Département de Seine-et-Oise.

Versailles : Garnison, hôpital militaire : MM. Bergois, aumônier ; Gueusset et confrères, 4, impasse des Gendarmes. — Ecole de Saint-Cyr : aumônier titulaire, Mᵍʳ Lanusse, logé dans l'Ecole. — Poissy : Dubois, curé. — Rambouillet : école d'enfants de troupe : Macaire, vicaire. — Rueil : l'abbé Gourlin, vicaire, 30, rue du Quatre-Septembre. — Saint-Cloud : Aglon, vicaire. — Saint-Germain-en-Laye : le Curé.

GOUVERNEMENT DE LYON
Département du Rhône.

Lyon : MM. le chanoine Clot, 88, rue de la Part-Dieu, est chargé de centraliser le service religieux militaire ; Vignal, auxiliaire. — Groupe des *Chartreux* : Camp de Sathonay, etc., l'abbé Flandrin, 58, rue Pierre-Dupont. — Groupe de *Perrache* : l'abbé Fauçax, curé de Sainte-Blandine, et Granottier, vicaire, 48, cours Charlemagne. — Groupe de *Fourvière* : l'abbé Chausse, professeur aux Minimes. — *Hôpital Desgenettes* : le chanoine Giraudier. — *Hôpital Villemanzy* (dit des Collinettes), l'abbé Matricon. — *Prison militaire (des Recluses),* Flandrin.

ALGÉRIE
Province d'Alger.

Alger : MM. Guyot, vicaire de la cathédrale, aumônier de la prison militaire ; Saint-Martin, aumônier de l'hôpital militaire. — *Aumale* (hôpital militaire) : Bastide. — *Blidah* (hôpital militaire) : l'abbé

Piquemal. — *Bousaada* (hôpital militaire) : Massacrier . — *Boghar* (hôpital militaire) : Impens, chanoine honoraire. — *Cherchell* (hôpital militaire) : Papelier. — *Dellys* (hôpital militaire) : Lauro. — *Dey* (hôpital militaire) : Saint-Martin, aumônier. — *Dra-el-Mizan* (hôpital militaire) : Raymond. — *Koléah* (hôpital militaire) : Sabatier. — *Laghouat* (hôpital militaire) : Carel. — *Médéah* (hôpital militaire) : Fornes. — *Milianah* (hôpital militaire) : Lepin. — *Orléansville* (hôpital militaire) : Thibon. — *Ténez* (hôpital militaire) : Vial. — *Teniet-el-Hâad* (hôpital militaire) : Vial. — *Tizi-Ozou* (hôpital militaire) : Deyrieux.

Province d'Oran.

Oran-Ville : MM. l'abbé Bellamy, directeur de l'Œuvre des soldats, rue Ménerville, 1 ; (hôpital et prison militaires) : le chanoine Poupart. — *Mers-el-Kébir* (Le fort de), détenus : l'abbé Guinefoleau, curé. — *Arzeu* (hôpital militaire) : l'abbé Faure, curé. — *Mostaganem* (hôpital militaire) : le chanoine Gazel.— *Mechéria :* Garnison : l'abbé Doumens. — *Mascara* (hôpital militaire) : l'abbé Risch; curé. — *Saïda* (hôpital militaire) : le chanoine Pons. — *Géryville* (garnison) : l'abbé Tarrisse, curé. — *Tiaret* (hôpital militaire) : l'abbé Maliver, curé.

— *Bel-Abbès* (hôpital militaire) : le chanoine Poux.
— *Daya* (hôpital militaire) : l'abbé Destrez, curé. —
Tlemcen (hôpital militaire) : le chanoine Brevet,
curé. — *Nemours* (hôpital militaire) : l'abbé Milhioud,
curé. — *Sebdou* (el Aricha) (hôpital militaire) :
l'abbé Médaillon, curé.

Province de Constantine.

Constantine : R. P. Edme. — *Bône :* MM. l'abbé
Montastruc. — *Philippeville :* l'abbé Sandraly. —
Guelma : l'abbé Bonittron et Trinchan. — *Sétif :*
l'abbé Cazelles. — *Bougie :* l'abbé Puisségur. —
Tébessa : l'abbé Delapard. — *Biskra :* l'abbé Métivet.
— *Souk-Ahras :* l'abbé Baud. — *Djidjelli :* l'abbé
Branche. — *La Calle :* l'abbé Orsoni. — *Collo :*
l'abbé Bonnet. — *Batna :* l'abbé Maurel. — *Ghardaïa :*
P. Malfray. — *Ouargla :* P. Hugenos. — *Aïn Béïda :*
l'abbé Dubois. — *Khrenchela :* l'abbé Jullia.

Pour les postes situés tout à fait dans le Sud-
Algérien, s'adresser pour les renseignements à
M. le Supérieur des Pères Blancs, à Gardhaia.

GOUVERNEMENT DE TUNISIE

Aïn-Draham. Garnison et hôpital militaire :
MM. Andrieux, aumônier titulaire. — *Bizerte.* Garnison : Roger, curé. — *Carthage.* Forteresse :

R. P. Delattre, curé. — **Gabès**. Garnison et hôpital militaire : Danielli, aumônier titulaire. — **Gafsa**. Garnison et hôpital militaire : Hoquétis, aumônier titulaire. — **Hammamet**. Garnison : Martin, curé. — **Kairouan**. Garnison : Benetti, curé. — **La Goulette**. Garnison : Leynaud, curé. — **Le Kef**. Garnison et hôpital militaire : Giudicelli, aumônier titulaire. — **Manouba**. Garnison : Marceille, aumônier titulaire de Tunis. — **Tebourba**. de Sinet, curé de Schniggui. — **Teboursouk** : Neu, curé de Béja. — **Metnine** et **Joun Tataouine**. Garnison et ambulance : Dianelli, aumônier titulaire de Gabès. — **Monastir** : Garnison : Franco, curé. — **Sfax**. Garnison et hôpital : Raoul, aumônier titulaire. — **Souk-el-Arba**. Garnison : Boudou, curé. — **Souk-el-Djema**. Garnison : Giudicelli, aumônier titulaire du Kef. — **Sousse**. Garnison et hôpital militaire : Pierregosse, aumônier titulaire. — **Tabarka**. Garnison : Cassagne, curé. — **Tunis**. Garnison et hôpital militaire : le chanoine Marceille, aumônier titulaire. — **Zaghouan**. Garnison : Mortamet, curé de Sainte-Marie-du-Zit.

TONKIN ET ANNAM
Tonkin

Hanoï : MM. Letourmy. — **Nam-Dinh** : Bertrand. — **Son-tay** : Robert. — **Tuyen-Quang** : Ganja. — **Yen-Bay** : Girod. — **Laokay** : Méchet.

Annam

Khanh-hoa : Mgr Marcou. — *Vinh :* Mgr Abgrall.
Dans les autres postes, le service est assuré par
le missionnaire le plus rapproché.

Pour les missions des Dominicains, les noms des
aumôniers ne nous sont pas parvenus.

GARNISONS DES 20 CORPS D'ARMÉE

DE LA FRANCE CONTINENTALE

A

Abbeville (Somme) : MM. les vicaires de Saint-
Vulfran. — *Agde :* l'archiprêtre. — *Agen* (Lot-et-
Garonne) : l'abbé Sabatié, 42, rue du Pont-de-Ga-
ronne. — *Aix* (Bouches-du-Rhône) : A.-P. Perraudin
25 *bis*, rue Emeric David. — *Aire-sur-la-Lys* (Pas-
de-Calais) : Lefebvre, rue du Doyen, 25. — *Aiton*
(Fort d') (Savoie) : Giraud, curé. — *Ajaccio* (Corse :
Bessières, supérieur du Grand Séminaire, et Munier,
directeur. — *Alais* (Gard) : l'abbé Passe, aumônier
des Franciscains. — *Albertville* (Savoie) : l'abbé
Gontheret, curé de Saint-Sigismond, près Albertville.

— **Albi** (Tarn) : Puginier, vicaire à Sainte-Cécile. — **Alençon** (Orne) : Rattier, vicaire à Notre-Dame. — **Amélie-les-Bains** (Pyrénées-Orientales) : Julia, hôpital militaire. — **Amiens** (Somme) : Vitasse et Daveluy, chanoines, rue de Metz-l'Évêque, 6. — **Annecis** (Loire-Inférieure) : Mauger, vicaire. — **Les Andelys** (Eure) : l'archiprêtre de Notre-Dame. — **Angers** (Maine-et-Loire) : Chapelain, chanoine, 12, rue Kellermann. — **Angoulême** (Charente) : R. P. A. Duguy, 12, rue Basse-Montmoreau, chapelain à Notre-Dame d'Obézine. — **Annecy** (Haute-Savoie) : l'abbé Maistre. — **Antibes** (Alpes-Maritimes) : Rostan (Joseph), aumônier des Sœurs Trinitaires, à l'hôpital. — **Arches** (Fort d') : Pariset, curé de Pouxeux (Vosges). — **Argentan** (Orne) : l'abbé Montembault, vicaire à Saint-Germain d'Argentan. — **Arles** (Bouches-du-Rhône) : Maurin, vicaire à Saint-Trophime. — **Arras** (Pas-de-Calais) : Bellanger, 28, rue des Bouches-de-Cité. — **Aspremont**, fort du Mont-Chauve (Alpes-Maritimes) : Basset, curé. — **Auch** (Gers) : l'abbé Rêmes, curé de Saint-Paul ; Tribe, économe au Grand Séminaire ; Marsan, professeur au Petit Séminaire. — **Auray** (Morbihan) : Le Port, vicaire. — **Aussois**, fort de l'Esseillon (Savoie) : Albrieux, curé d'Aussois. — **Aurillac** (Cantal) : Simon (Adrien), 1, rue des Carmes vicaire à Notre-Dame-aux-Neiges. — **Autun** (Saône-et-Loire) : Monnot, vicaire à la cathédrale. — **Auxerre** (Yonne) : Marchand, vicaire à la cathédrale.

—*Auxonne* (Côte-d'or) : abbé Mousseron, 51, Grande-Rue ; la maison des soldats, rue Denfert-Rochereau. — *Avesnes* (Nord) : le Doyen. — *Avignon* (Vaucluse) : Jurand, 3, place des Trois-Pilats. — *Avor* (Cher) : Mabillat, curé. — *Ayvelles* (fort des) (Ardennes) : l'abbé Waternaux, curé des Ayvelles et de Villers.

B

Baccarat (Meurthe-et-Moselle) : MM. le curé. — *Bar-le-duc* (Meuse) : Vermont, curé de Saint-Antoine. — *Barraux* (fort) (Isère) : Bondat, curé. — *Bastia* (Corse) : Gabrielli, aumônier de l'hôpital militaire. — *Bayonne* (Basses-Pyrénées) : Brincas, aumônier de l'hôpital militaire. — *Beaufort-sur-Doron* (Savoie) : le Curé et le Vicaire — *Beaune* (Côte-d'or) : Pierrotte, curé de Saint-Nicolas. — *Beauvais* (Oise) : d'Hédouville et les Directeurs du Séminaire. — *Belfort* (Territoire de) : Jay, aumônier de l'hôpital militaire, 18, faubourg Montbéliard. — *Bellac* (Haute-Vienne) : Champon, archiprêtre. — *Belle-garde* (Fort) (Pyrénées-Orientales) : Respaut, curé de Perthus. — *Belle-Ile* (Morbihan) : N. — *Belley* (Ain) : l'abbé Rosier, vicaire à la cathédrale. — *Bergues* (Nord) : le Doyen. — *Berru* (Fort de) (Marne) : l'abbé Philippart. — *Bernay* (Eure) : Fresnes, curé de Notre-Dame de la Couture. —

Besançon (Doubs) : le chanoine Payen, rue des Martelots, aumônier du pénitencier. — *Béthune* : Letoille : rue du Détour. — *Béziers* (Hérault) : Martin, boulevard du Nord. — *Billom* (Puy-de-Dôme) : Ecole militaire d'enfants de troupe : Tartière, curé de Saint-Loup. — *Blaye* (Gironde) : Dubreuille, curé. — *Blois* (Loir-et-Cher) : Launay, 9, rue Pierre-de-Blois, vicaire de la cathédrale. — *Bonifacio* (Corse) : Rocca, vicaire de la Haute-Ville, et Meglia, curé du Faubourg. — *Bordeaux* (Gironde) : Boyer, chanoine, 91, rue Mazarine, et Burbaud, 2e aumônier. — *Bouchain* (Nord) : M. le Doyen. — *Boulogne-sur-Mer* (Pas-de-Calais) : Clairer, 131, boulevard d'Eurvin. — *Bourbonne-les-Bains* (Haute-Marne) : Gouthière, hôpital militaire. — *Bourg* (Ain) : Collet, vicaire à Notre-Dame. — *Bourg-Saint-Maurice* (Savoie) (fort de Vulmis) : le Curé et les Vicaires. — *Bourges* (Cher) : Chaboisseau, aumônier de l'hôpital militaire, rue Moyenne. — *Bourgoin* (Isère) : Ponthon, curé. — *Bourlémont* (Fort de) : Joly, curé de Saint-Christophe, Neufchâteau (Vosges). — *Brest* (Finistère) : l'abbé Le Bihan, 11, rue de l'Harteloire. — *Briançon* (Hautes-Alpes) : Bernard (Joachim), curé ; l'abbé Faure-Brac (Alph.), vicaire et aumônier de l'hôpital militaire. — *Brienne-le-Château* (Aube) : le curé. — *Brimont* (fort de) (Marne) : l'abbé Remy. — *Brive* (Corrèze) : Chaminode (François), curé. — *Bruyères* (Vosges) : Souillard, curé.

C

Caen (Calvados) : MM. l'abbé Letrésor, 11, rue de l'Engannerie. — Cahors (Lot) : Orliac, chanoine honoraire, curé de Saint-Barthélemy; Albessard, chanoine titulaire; l'abbé Magne, supérieur de l'Ecole des Petits-Carmes. — Calais (Pas-de-Calais) : l'abbé Martin Dachez, 9, rue Eustache-Saint-Pierre. — Calvi (Corse) : Angelini, curé de la Basse-Ville. — Cambrai (Nord) : l'abbé Somon, rue Louis-Belmas. — Camp de Châlons (Marne) : Truchon, aumônier de l'hôpital militaire du camp de Châlons. — Cannes (fort Sainte-Marguerite) Alpes-Maritimes) Mgr Gigou. — Carcassonne (Aude) : les chanoines Combes et Charpentier, 2, rue du Mail. — Castelnaudary (Aude) : Laffon-Maydieu, chanoine, curé de Saint-François, rue de Toulouse, 47. — Castel-Sarrazin (Tarn-et-Garonne) : Dufis, archiprêtre de Saint-Sauveur. — Castres (Tarn) : Périé, vicaire de Saint-Jacques. — Cette (Hérault) : Nougaret, curé de Saint-Joseph. — Chalindrey (Haute-Marne) : Fournier, curé. — Chalon-sur-Saône (Saône-et-Loire) : Mugnier, curé de Saint-Vincent; l'abbé de Lavernette, vicaire à Saint-Vincent. — Châlons-sur-Marne (Marne) : Camut, chanoine honoraire, 6, rue Chamorin. — Chambéry (Savoie) : Lacombe, aumônier de l'hôpital militaire, rue du Colombier. — Charleville-Mézières (Ardennes) : l'abbé Greiner, 2, rue de l'Eglise, à Mézières. — *Chartres* (Eure-et-Loir) : Hervé, à l'institution Notre-Dame. — *Châteaudun* (Eure-et-Loir) : Grenier, 8, rue du Coq. — *Château-Lambert* (Fort du) (Haute-Saône) : le Curé. — *Châteauneuf* (Ille-et-Vilaine) : Boutevillain, curé. — *Châteauroux* (Indre) : le curé de Saint-André; Pavillard, vicaire à Saint-André. — *Châtellerault* (Vienne) : Musset, vicaire de Saint-Jacques. — *Chaumont* (Haute-Marne) : Servais, curé de Saint-Aignan. — *Cherbourg* (Manche) : Saussey, aumônier, rue Tour-Carrée, 22. — *Cholet* (Maine-et-Loire) : Boisdron, vicaire à Saint-Pierre. — *Clairvaux*, le Curé. — *Clermont-Ferrand* (Puy-de-Dôme) : l'abbé Gervais, aumônier du petit lycée, place des Carmes déchaussés. — *Cognelot* (Fort du) (Haute-Marne) : le Curé de Chalindrey. — *Collioure* (Pyrénées-Orientales), prison militaire et garnison : Coll, curé. — *Colmars* (Basses-Alpes) : Jaubert, curé. — *Commercy* (Meuse) : Bisteur, archiprêtre, et les vicaires. — *Compiègne* (Oise) : Philippert, archiprêtre, et les vicaires de Saint-Jacques. — *Condé* (Nord) : le Doyen. — *Cognac* : le Curé. — *Corcieux* (Vosges) : Brabis, curé-doyen. — *Corte* (Corse) : Genimoni, vicaire. — *Cosne* (Nièvre) : Baudequin, curé de Saint-Aignan. — *Coulommiers* (Seine-et-Marne) : le Curé et ses vicaires. — *Creusot* (Saône-et-Loire) : Rossignol (André), curé de Saint-Charles. — *Crozon* (Finistère) : le Curé et le vicaire.

D

Dampierre (fort de) (Haute-Marne): MM. Andrieux, curé. — **Decize** (Nièvre) : l'abbé Lemoine. — **Dieppe** (Seine-Inférieure) : Deschamps, vicaire à Saint-Remi, 3, place Saint-Remy. — **Dijon** (Côte-d'Or) : l'abbé Baron, 7, rue des Novices, et 83, rue Berbisey. — **Digne** (Basses-Alpes) : Germain, économe au Grand Séminaire. — **Dinan** (Côtes-du-Nord) : l'abbé Dupré, rue Haute-Voie, 5. — **Dôle** (Jura) : Lebeau, rue de la Monnaie, 8. — **Domfront** (Orne) : Mauger, curé de Saint-Front-sous-Domfront. — **Donchery** : l'abbé Turbeaux, curé. — **Douai** (Nord) : le doyen de Saint-Jacques. — **Dounoux** (fort du Roulon) : Maurice, curé de Dounoux. — **Draguignan** (Var) : Requin, vicaire; Saurin, aumônier de l'hospice. — **Dreux** (Eure-et-Loir) : Berthelot, chez les Frères, vicaire. — **Dunkerque** (Nord) : l'abbé Aernout, rue des Vieux-Remparts.

E

Ecluse (Fort de l') (Ain) : MM. Vollet-Bert, curé de Collonges. — **Ecrouves** (campements des Ecrouves) près Toul (Meurthe-et-Moselle) : Piermay, curé. — **Elbeuf** (Seine-Inférieure) : Renaux, curé-doyen de Saint-Jean. — **Embrun** (Hautes-Alpes) : Bernard, vicaire et aumônier de l'hôpital. — **Entrevaux** (Fort)

Basses-Alpes): Pélissier, vicaire. — *Epernay* (Marne): Abbé Leloup, aumônier de l'hospice Auban-Moët. — *Epinal* (Vosges) : l'abbé Daval, vicaire. — *Esseillon* (Fort de l') (Savoie) : Albrieux, curé d'Aussois. — *Evreux* (Eure) : Blin, chanoine honoraire, secrétaire général ; Beaujan, secrétaire de l'évêché, aumônier de l'Œuvre. — *Eu :* l'abbé Caulle, doyen.

F

Falaise (Calvados) : MM. Thomas, curé de Notre-Dame de Guibraye, et Bernard, vicaire. — *Foix* (Ariège) : Guilhemat, curé-archiprêtre. — *Fontaine-bleau* (Seine-et-Marne) : le Curé et l'abbé Grison, 34, rue du Château. — *Fontenay-le-Comte* (Vendée) : Jagueneau. — *Fontevrault* (Maine-et-Loire) : Tuffreau, curé. — *Fort-des-Rousses* (Jura) : Grappe, curé. — *Fort du Sappey* (Savoie) : Demaison, à Modane. — *Fougères* (Ille-et-Vilaine) : Charbonel, vicaire à Saint-Léonard.

G

Gaillon (Eure) : MM. Avisse, doyen. — *Gap* (Hautes-Alpes) : chanoine Dupuy, 8, rue de l'Odéon. — *Gérardmer* (Vosges) : Winterer, vicaire. — *Girancourt* (Fort de) : Marquizeau, curé de Girancourt. — *Givet-Charlemont :* le curé de Charlemont.

— *Granville* (Manche): Briand, vicaire à Saint-Paul; les PP. Eudistes. — *Grasse* (Alpes-Maritimes): l'archiprêtre. — *Gravelines* (Nord): le doyen. — *Gray* (Haute-Saône): Vuilleret, chanoine, curé. — *Grenoble* (Isère): R. P. Gorsse, S. J., place des Tilleuls, 11; Rondet (Victor), aumônier du lycée, aumônier de mobilisation. — *Guéret* (Creuse): Vérier. — *Guingamp* (Côtes-du-Nord): le chanoine Gœury, ancien aumônier de l'armée, rue du Four de la Trinité. — *Guise* (Aisne): Lefebvre, doyen.

H

Ham (Somme): MM. Fouillo, curé-doyen. — *Héricourt* (Doubs): Retz, curé-doyen. — *Hesdin* (Pas-de-Calais): Condettes, curé, rue de l'Arsenal. — *Hirson* (Aisne): Lefebvre, doyen.

I

Ile d'Yeu (Vendée): MM. le Vicaire. — *Issoudun* (Indre): le curé de Saint-Cyr, P. Héribault.

J

Jausiers (Basses-Alpes): MM. Millou, curé. — *Joigny* (Yonne): N., vicaire à Saint-Jean; Bornot, professeur au Petit Séminaire.

L

La *Condamine* (Basses-Alpes) : MM. Derdier, curé. — La *Fère* (Aisne) : Lemaire, doyen. — La *Flèche* (Sarthe) : l'archiprêtre de Saint-Thomas. — *Landerneau* (Finistère) : Guillerm, vicaire. — *Landrecies* (Nord) : le doyen. — *Langres* (Haute-Marne) : R. Villard, chancelier de l'évêché ; Dormoy, curé de Saint-Martin ; Marcel, aumônier de l'hôpital militaire. — *Lanslebourg* (fort) (Savoie) : Pélissier, archiprêtre. — *Laon* (Aisne) : Bouxin, vicaire à la cathédrale. — La *Rochelle* (Charente-inférieure) : Ollivier, aumônier de l'hôpital militaire. — La *Roche-sur-Yon* (Vendée) : l'abbé Rivière, rue Chanzy, 11. — La *Turbie* (Alpes-Maritimes) : Siga, recteur. — *Laval* (Mayenne) : Eudes, directeur de Bauregard. — Le *Blanc* (Indre) : Degenest, archiprêtre ; l'abbé N., vicaire. — Le *Havre* (Seine-Inférieure) : le curé de Saint-François ; Bellenger, curé de Sainte-Adresse. — Le *Mans* (Sarthe) : Grandin, aumônier de la prison militaire, rue Maupertuis, 3 ; Germain, vicaire à Saint-Pavin, rue du Pavé, 51. — Le *Puy* (Haute-Loire) : Mercier et Devin, vicaires à Notre-Dame. — Le *Quesnoy* (Nord) : le doyen. — *Lérouville* (Meuse) Tronville, curé. — Les *Sables d'Olonne* : l'Abbé Brébion, vicaire. — *Libourne* (Gironde) : Latour, curé. — *Lille* (Nord) : l'abbé Carissimo, rue de la Barre, 33. — *Limoges* (Haute-Vienne) : Leclerc, archiprêtre : Delor, curé; R. P. Bouniol. — *Lisieux* (Calvados) : Couyère, curé. — *Lodève* (Hérault) : l'aumônier de l'hospice. — *Lomont* (Fort du) (Doubs) : Parrenin, curé de Montéchecoux (Doubs). — *Longwy* (Meurthe-et-Moselle) : l'abbé Muel, curé. — Lons-le-Saunier (Jura) : Chère, directeur au Grand Séminaire. — *Lorient* (Morbihan) : Morcrette, rue de l'hôpital. — *Lunel* (Hérault) : le curé-doyen. — *Lunéville* (Meurthe-et-Moselle) : l'abbé Vary, vicaire à Saint-Jacques. — *Lure* (Haute-Saône) : Heuvrard, curé. — *Lyon* (Rhône) : Clot, rue de la Part-Dieu; Flandrin, aux Chartreux; Vignal, auxiliaire; Faurax, curé à Sainte-Blandine, 48, cours Charlemagne; Giraudier, de l'hôpital militaire Desgenettes; Matricon, aumônier de l'hôpital militaire des Collinettes ou de Villemanzy.

M

Mâcon (Saône-et-Loire) : MM. Vareille, rue des Écoles; *Magnac-Laval* (Haute-Vienne) : Vigier, curé-doyen. — *Mamers* (Sarthe) : le curé. — *Manonvillers* (Fort de) (Meurthe-et-Moselle) : le curé. — *Marmande* (Lot-et-Garonne) : Tachouzin, aumônier de l'hôpital. — *Marseille* (Bouches-du-Rhône) : le chanoine Roux, hôpital militaire; l'abbé Bœuf, 142, rue Sainte; le chanoine de la Paquerie, 165, boulevard National; le curé de Vaint-Victor. — *Maubeuge* (Nord) : l'abbé Delvallée, rue de la République, 13. — *Mayenne* (Mayenne) : Patry, curé, et Jouault, vicaire à Notre-Dame de Mayenne. — *Meaux* : le curé et le clergé de Saint-Nicolas. — *Melun* (Seine-et-Marne) : le curé et le clergé de Notre-Dame, 12, rue Notre-Dame. — *Mende* (Lozère): de Ligonnès, supérieur du Grand Séminaire; Boussac, professeur. — *Menton* (Alpes-Maritimes) : Albin, curé de Cabbé-Roquebrune. — *Mézières-Charleville :* l'abbé Greiner, 2, rue de l'Eglise, à Mézières. — *Mirande* (Gers) : Lian, curé-archiprêtre; Baradat, vicaire aumônier d'hospice. — *Modane* (Savoie) : Demaison. — *Montargis* (Loiret) : les vicaires, au presbytère de Sainte-Madeleine. — *Montauban* (Tarn-et-Garonne): de Scorbias, aumônier des Frères. — *Montbéliard* (Doubs) : Feuvrier, curé. — *Montbré* (fort de) (Marne) : Chevalier, curé. — *Montbrison* (Loire) : Ollagnier, curé de Saint-Pierre. — *Mont-Dauphin* (Hautes-Alpes) : Borel (Henri), curé. — *Mont-de-Marsan* (Landes) : Dubasque, aumônier de l'hôpital. — *Montélimar* (Drôme) : Gerein, vicaire. — *Montlandon* (Fort de) (Haute-Marne) : Villemin, curé. — *Montlouis* (Pyrénées-Orientales) : Corrieu, curé. — *Montluçon* (Allier) : l'abbé Tinardon, vicaire à Notre-Dame. — *Montmédy* (Meuse) : Robert, archiprêtre. — *Montmélian* (Savoie) : le curé. — *Montpellier* (Hérault) : l'aumônier de l'Œuvre de

la jeunesse, cité Lunaret. — *Montreuil-sur-Mer*
(Pas-de-Calais): Queste, curé. — *Morlaix* (Finistère): le Bihan, vicaire à Sainte-Mélaine. — *Moulins*
(Allier): Lacroix, vicaire au Sacré-Cœur, 15 rue de
la Fraternité. — *Moutiers* (Savoie), l'abbé Aimoz,
professeur au Petit Séminaire.

N

Nancy (Meurthe-et-Moselle): MM. le chanoine
Girard et l'abbé Simon, 28, quai Claude-le-Lorrain,
pavillon Drouot. — *Nantes* (Loire-Inférieure): De-
lanoue, chanoine, aumônier de la prison militaire,
à la cure de Saint-Donatien, 7, rue Félix. — *Nar-
bonne* (Aude): l'aumônier du Cercle catholique. —
Neufchâteau (Vosges): Joly, curé de Saint-Christophe. — *Nevers* (Nièvre): Chamouard, directeur
du clos Saint-Joseph. — *Nice* (Alpes-Maritimes):
l'abbé Mondange; Imbert, aumônier de l'hôpital
militaire. — *Nîmes* (Gard): l'abbé Brun, directeur
de l'œuvre militaire, 26, rue Notre-Dame. — *Niort*
(Deux-Sèvres): l'abbé Billard (Fabien), premier vicaire
à Saint-André. — *Nogent-le-Rotrou* (Eure-et-Loir):
Hugenet, vicaire à Notre-Dame. — *Noyon* (Oise):
Lagneaux, archiprêtre.

O

Orange (Vaucluse): MM. le curé de Notre-Dame.
— *Orléans* (Loiret): le Franc, 24, rue des Murlins;

Houard, aumônier de la prison, vicaire à Saint-Vincent. — *Oléron* (Château d') : N.

P

Pamiers (Ariège) : MM. de Séré, vicaire général. — *Parthenay* (Deux-Sèvres) : l'abbé Périvier, curé-archiprêtre de Saint-Laurent. — *Pau* (Basses-Pyrénées) : l'abbé Campo, vicaire à Saint-Jacques. — *Poigney* (Fort de) (Haute-Marne) : Ferrand, curé. — *Périgueux* (Dordogne) : l'abbé Barjou, vicaire à la Cité. — *Péronne* (Somme) : le clergé paroissial. — *Perpignan* (Pyrénées-Orientales) : Vergès, aumônier de l'hôpital militaire. — *Pézenas* (Hérault) : Mariès, curé. — *Pierre-Châtel* (Fort de) (Ain) : Arrambourg, curé de Virignier. — *Pithiviers :* les vicaires, au presbytère. — *Parmont* (Fort du) : Simon, vicaire à Remiremont (Vosges). — *Plesnoy* (Fort de) (Haute-Marne) : Jourdeil, curé. — *Poitiers* (Vienne) : Boyer, aumônier de Sainte-Croix. — *Pont-à-Mousson* (Meurthe-et-Moselle) : l'abbé Hureau, curé. — *Pontarlier* : M. le curé-doyen. — *Pontivy* (Morbihan) : Jouhanno, aumônier de l'hôpital. — *Pont-de-Buis* (Finistère) : Poudrerie, le clergé de Saint-Ségal. — *Pont-Saint-Vincent* (Fort de) (Meurthe-et-Moselle) : le curé. — *Pont-Saint-Esprit* (Gard) : le chanoine Igonnet, curé de Saint-Saturnin ; l'abbé

Niel, aumônier de l'hôpital militaire. — *Portalet* (Fort du) Basses-Pyrénées) : le curé. — *Port-Louis* (Morbihan) : Guyomar, vicaire. — *Port-Vendres* (Pyrénées-Orientales) : Meig, curé. — *Prats de Mollo* (Pyrénées-Orientales) : Bonas, curé. — *Privas* (Ardèche) : Roure, curé; Mathevet, vicaire. — *Provins* (Seine-et-Marne) : le curé et le clergé de Saint-Ayoult; abbé Espinouze, aumônier militaire à l'hospice.

Q

Queyras (château) (Hautes-Alpes) : MM. Richard Guillaume, curé. — *Quimper* (Finistère) : Le Du, vicaire à Saint-Mathieu. — *Quélern* (Fort de) (Finistère), nouvelle garnison : le clergé de Roscamel.

R

Rambervillers (Vosges) : MM. Lœuillet, curé-doyen. — *Rambouillet* (Seine-et-Oise) : Macaire, curé. — *Ré* (Ile de) : l'abbé Manseau, curé de Saint-Martin. — *Reims* : l'abbé Servais, 76, rue de Berthey; l'abbé Batheny, à Notre-Dame; l'abbé Dupuit, à Saint-Benoît; l'abbé Froment, à Saint-Jean-Baptiste. — *Remiremont* (Vosges) : Simon, vicaire. — *Rennes* (Ille-et-Vilaine) : l'abbé Lecoiffier, à Saint-Etienne, 3, rue de Dinan, près du canal d'Ille-et-

Rance. — *Riom* (Puy-de-Dôme) : le clergé de Notre-Dame du Mathuret. — *Roanne* (Loire) : Duris, vicaire à Saint-Étienne. — *Rolampont* (Haute-Marne) fort de Saint-Menge : le curé. — *Rochefort* (Charente-Inférieure) : Bouquin, curé de Saint-Louis. — *Roche-sur-Yon* (Vendée) : E. Rivière, aumônier, 11, rue Chanzy. — *Rocroy* (Ardennes) : Lambert, archiprêtre, curé de Saint-Nicolas. — *Rodez* (Aveyron) : Pouget, Marty, vicaires de la cathédrale. — *Romans* (Drôme) : Perrier, vicaire à Saint-Bernard. — *Romorantin* (Loir-et-Cher) : Daumas, vicaire à Saint-Étienne, au presbytère. — *Rouen* (Seine-Inférieure) : *Rive droite :* le Sergeant, 1er vicaire à la cathédrale; *Rive gauche :* Paroisse Saint-Sever, rue Saint-Julien. — *Roulon* (Fort du), Morice, curé de Dounoux (Vosges). — *Rousses* (Fort des) : l'abbé Grappe, curé des Rousses — *Ruchard* (Camp du) : Marquet, curé de Villaines (Indre-et-Loire). — *Rumilly* (Haute-Savoie) : l'abbé Jouty, curé-archiprêtre. — *Rupt* (fort de) : Soudart, curé à Rupt (Vosges).

S

Saint-Brieuc (Côtes-du-Nord) : MM. Le Pennec, chanoine honoraire, professeur au Grand Séminaire. — *Saintes* (Charente-Inférieure) : Guillotin, aumônier de l'hôpital. — *Saint-Dié* (Vosges) : l'abbé Valence, vicaire à Saint-Martin, 4, rue de la Gare. — *Saint-Etienne* (Loire): Veillet, 86, rue Saint-Roch. — *Saint-Gaudens* (Haute-Garonne): Touzet, archiprêtre et aumônier de l'hôpital. — *Saint-Jean-Pied-de-Port*: Heguy, curé. — *Saint-Lô* (Manche): Penitot, vicaire à Notre-Dame. — *Saint-Maixent* (Deux-Sèvres): l'abbé Guérin, curé. — *Saint-Malo* (Ille-et-Vilaine): l'abbé Phétu, vicaire à Notre-Dame Auxiliatrice. — *Saint-Menge*(Fort de)(Haute-Marne): Fourneret, curé de Lannes. — *Saint-Martin de Ré* (Charente-Inférieure): Manseau, curé. — *Saint-Médard-en-Jalle* (Camp de) (Gironde): Cafargue, curé. — *Sainte-Menehould*(Marne): l'abbé Alexandre, vicaire. — *Saint-Mihiel* (Meuse): Verjus, curé-doyen; Remy, curé de Saint-Etienne. — *Saint-Nazaire* (Loire-Inférieure): Feidel, aumônier de l'hôpital. — *Saint-Nicolas-du-Port* (Meurthe-et-Moselle): le curé. — *Saint-Omer* (Pas-de-Calais): Delattre, rue Thiers, 37. — *Saint-Quentin* (Aisne): Mathieu, archiprêtre. — *Saint-Servan* (Ille-et-Vilaine): Verdier, vicaire à Saint-Servan. — *Saint-Vincent du Lauzet* (Basses-Alpes): Tron, curé. — *Salins* (Jura): Cattenoz, curé de Saint-Anatoile. — *Salon* (Bouches-du-Nord): Eissiris, curé. — *Sampigny* (Meuse): Génin, curé. — *Sartène* (Corse): Dory, vicaire. — *Sathonay* (Camp de) (Rhône): Flandrin. — *Sedan*: l'abbé Flécheux, rue du Jardin-des-Prêtres. — *Séez* (Savoie): le curé et les vicaires. — **Senlis** (Oise) : Dourlens, archiprêtre. — **Sens** (Yonne) : Côte, vicaire. — **Servance** (Fort de) : Maurice, curé de Saint-Maurice (Vosges). — **Sézanne** (Marne) : Tripied, archiprêtre. — **Sisteron** (Basses-Alpes) : Peyron, vicaire. — **Soissons** (Aisne) : le chanoine Ducastel, 5 *bis*, rue de Panleu. — **Sospel** (Alpes-Maritimes) Fort du Barbonnet : Toesca, curé. — **Stenay** (Meuse) : Mangin, curé.

T

Tarascon (Bouches-du-Rhône) : MM. Baux et Imbert, vicaires à Sainte-Marthe. — **Tarbes** (Hautes-Pyrénées) : Fourcade, cours Gambetta. — **Thonon** (Haute-Savoie) : l'abbé Gay. — **Thouars** (Deux-Sèvres) : le curé. — **Toul** (Meurthe-et-Moselle) : l'abbé Jolé, vicaire à la cathédrale, rue des Clercs, 5. — **Toulon** (Var) : les Pères Maristes. — **Toulouse** (Haute-Garonne) : Delpech, archiprêtre, directeur diocésain des œuvres militaires ; Bareille, professeur à l'Institut catholique ; de Falguières, hôpital militaire, et à l'Œuvre, rue Sainte-Anne. — **Tours** (Indre-et-Loire) : l'abbé Chappier, chapelain de Saint-Martin, 3, rue du Président-Merville. — **Troyes** (Aube) : Balanger, vicaire à Saint-Nicolas, 11, rue de la Tour-Boileau, pour l'infanterie ; Pitsch, vicaire à Saint-Martin, pour la cavalerie. — **Tulle** (Corrèze) : Jorigé, curé de Saint-Jean-Baptiste.

U

Uzès : M. l'archiprêtre.

V

Valbonne (Camp de la) : MM. Mouloud, curé de Beligneux. — *Valence* (Drôme) : le curé et les vicaires de Saint-Jean. — *Villeneuve* (Lot-et-Garonne) : l'abbé Reynaud, aumônier de l'abbaye. — *Valenciennes* (Nord) : l'abbé Liagre, hôpital militaire, rue Salle-le-Comte, 10. — *Valloire* (fort du télégraphe) (Savoie) : Filliol, curé. — *Vannes* (Morbihan) : Guiomar, 56, rue de l'Hôpital. — *Vendôme* (Loir-et-Cher) : l'abbé de la Villarmois, vicaire de la Trinité. — *Verdun* (Meuse) : Rampont, impasse Saint-Jean, 5. — *Vernon* (Eure) : Grieu, doyen. — *Vienne* (Isère) : le curé et l'abbé Guy, vicaire de Saint-Maurice. — *Vesoul* (Haute-Saône) : Quirot, curé. — *Villefranche* (Alpes-Maritimes) : Milo, curé. — *Villers-le-Sec* (Fort de) (Meurthe-et-Moselle) : Thouvenin, curé. — *Vincennes* (Seine) : Thibaut, 69, rue de Paris; Poulet, 11, rue du Moulin. — *Vitré* (Ille-et-Vilaine) : Ridel, vicaire à Saint-Martin. — *Vitry-le-François* (Marne) : l'abbé Quin, vicaire. — *Vouziers* (Ardennes) : Eteve, vicaire. — *Vulmis* (fort de) (Bourg Saint-Maurice) : Michel, curé de Bourg-Saint-Maurice.

LISTE DES AUMONIERS TITULAIRES
DE LA MARINE

AU 1ᵉʳ NOVEMBRE 1899

Division d'instruction, à bord du *Magenta* : Bochez ❋.

Lorient (hôpital maritime) : Darrieu ❋.

Escadre de la Méditerranée, à bord du *Brennus* : Mac.

Ecole d'application, à bord de l'*Iphygénie* : Roubaud.

Cherbourg (hôpital maritime) : Le Gac.

Division d'Extrême-Orient, à bord du d'*Entrecasteaux* : Bridonneau.

Ecole navale, à bord du *Borda* : Benoît.

Toulon (hôpital maritime) : Thuviel.

Brest (hôpital maritime) : Cornuault.

Port-Louis, près Lorient (hôpital maritime) : Ménard.

En congé : Robert.

Rochefort (hôpital maritime) : Lamard.

En congé : de Bourneville.

Ecole des mousses, à bord de la *Bretagne* : Julian.

Division de l'Atlantique, à bord du *Cécile* : Ducuron.

Escadre du Nord, à bord du *Formidable* : Bruley des Varannes ✻.

Division des garde-côtes, à bord du *Bouvines* : Manse.

Ecole supérieure, à bord du *Friant* : Lestrade.

Ecole des gabiers, à bord de la *Melpomène* : Revel.

Brest (Ecole des mécaniciens et prison maritime) : Jamon.

Saint-Mandrier, près Toulon (hôpital maritime) : Subtil.

Cherbourg (prison maritime) : Roux.

TABLE DES MATIÈRES

———

Imprimerie E. PETITHENRY, 8, rue François Ier, Paris.

IMPRIMERIE E. PETITHENRY, 8, RUE FRANÇOIS 1er, PARIS

www.ingramcontent.com/pod-product-compliance
Lightning Source LLC
Chambersburg PA
CBHW070859280326
41934CB00008B/1500